NOTICE HISTORIQUE

DES ÉVÈNEMENTS

QUI SE SONT PASSÉS

DANS L'ADMINISTRATION

DE L'OPÉRA,

LA NUIT DU 13 FÉVRIER 1820.

Par ROULLET.

A PARIS,

DE L'IMPRIMERIE DE P. DIDOT, L'AINÉ,

CHEVALIER DE L'ORDRE ROYAL DE SAINT-MICHEL,

IMPRIMEUR DU ROI.

NOTICE HISTORIQUE

DES ÉVÉNEMENTS

QUI SE SONT PASSÉS

DANS L'ADMINISTRATION DE L'OPÉRA,

LA NUIT DU 13 FÉVRIER.

O vous qui chérissez la vérité, que vos oreilles soient attentives au récit que je décris pour vous, et dont j'ai été le témoin oculaire! Quel que soit le rang, la condition ou fortune que la nature vous a assigné sur ce globe, puisse le tableau que j'offre à vos yeux diminuer l'âpreté dont l'espéce humaine est tourmentée d'obtenir des grandeurs, vous les faire apprécier à leur juste valeur! Pour moi, lorsqu'il plaira au Créateur de séparer mon ame de ce corps abject, l'empreinte qu'elle a reçue la nuit du 13 février 1820 ne souffrira pas d'altération.

L'entrée de la loge du Roi est par la rue

Rameau, à côté de la caisse de l'Opéra, te-nue par M. Bonnemer. Une guérite est ados-sée à la muraille, destinée à poser une senti-nelle de la compagnie du centre : sur le plat de la guérite, à gauche, est écrit avec du blanc, au-dessus de l'œil-de-bœuf, deux fois : *Reine;* sur le montant à droite, gravé avec un couteau : *Wianne, Blanchard, Guin.* La guérite est éloignée de la caisse de trois pieds six pouces : huit pieds de distance de la guérite à la porte. Ce qui distingue l'entrée de la grande porte, car il y en a deux, ce sont deux bornes de deux pieds de circonfé-rence sur trente pouces de haut, revêtues de tôle peinte en gris, entre lesquelles la voiture du prince s'arrêtait. Un auvent peint, imi-tant le coutil, à droite et à gauche. La grande porte, peinte en jaune, grillée à petits car-reaux. Sur le pas de la porte le nommé Bou-chon, concierge, est préposé pour annoncer l'arrivée des princes, et disposer la garde royale à se mettre sous les armes dans un pe-tit corridor formant le corps-de-garde. A gauche, un grand poêle de faïence blanche, une armoire à l'usage du concierge ; à droite, un ratelier pour déposer les armes, un quinquet, trois banquettes de velours rouge, six gardes royaux, et un adjudant de fondation de l'état-major de la place, établi pour conduire les soldats à leur poste. Bouchon, à son aperçu, crie : *Aux armes!* court ouvrir la porte vitrée à deux battants, et dit : « *Madame Roullet, voici le prince.* »

Le prince traverse la haie, arrive au petit vestibule qui est éclairé par un quinquet à quatre becs renfermé dans une lanterne suspendue au milieu de la voûte; trois banquettes et six tabourets de velours rouge; à droite dans le coin, et au-dessous de l'escalier, une porte où le fumiste descend à son atelier; en face l'escalier est une cloison en bois qui communique sous le vestibule jusqu'au pied de l'escalier des premières. L'administration, lors de la restauration de la salle, fit pratiquer sous le vestibule deux portes, pour faciliter le passage au Roi lorsqu'il venait dans la loge que l'on formait au milieu de l'amphithéâtre, lorsqu'il assistait avec toute sa famille au spectacle; et l'autre pour les ambassadeurs.

C'est par cette porte, qui conduit à l'administration où se tient le conseil des délibérations, que le Roi est venu à cinq heures et demie du matin.

A gauche est l'escalier qui conduit à la loge du Roi. Elle est garnie d'un tapis du haut en bas; la rampe en fer et l'appui en bois. Elle est éclairée par trois quinquets distribués ainsi : un à chaque étage. A gauche, en face de l'orchestre, est une porte condamnée. En montant au rez-de-chaussée, à gauche, est la loge du comte Macnémara, gouverneur des pages; elle est garnie de taffetas bleu; deux petites glaces, une à droite et l'autre à gauche; deux grands tabourets dont le marchepied se baisse à volonté; une grille fermée par un petit cadenas; un store : elle est en face de l'orchestre. A gauche, en montant, est une porte qui communique au rez-de-chaussée, fermée en dedans par un verrou à clavette. En tournant sur le carré, dans le coin, est une chaise haute, son marchepied y attenant, sur lequel un valet-de-pied s'assied. A côté, une porte condamnée qui communique au théâtre. Il y a cinq marches à monter pour entrer dans la loge du duc de Berry : elle est de niveau au théâtre, garnie en taffetas bleu. En entrant, à droite, est une banquette, cinq chaises, un fauteuil doré couvert de velours rouge, un coussin qu'on met à volonté lorsque la Princesse arrive, un tapis, une peau de sanglier que le Prince avait tué à la chasse, et qu'il avait fait apprêter pour la duchesse ; un petit marchepied, trois petits écrans pour les garantir des effets de la lumière de la rampe ; une glace à droite, cinq stores, et grillée sur le devant, et un quinquet à la porte de la loge.

Au premier étage, la loge des capitaines des gardes ; il y a un rideau bleu à la porte. A gauche est la porte qui communique aux premières ; elle est adaptée à la cloison ; elle se prolonge jusqu'à la porte d'entrée du petit salon. Derrière la porte est un quinquet, un tabouret destiné à recevoir les chapeaux des capitaines des gardes. Mon épouse sur la chaise du milieu, et moi sur le grand tabouret à côté d'elle. Sur le carré, à droite, est la loge du Roi, au-dessus de celle du duc de Berry ; elle est garnie de taffetas bleu, deux glaces ; un fauteuil doré, de velours rouge, occupe le milieu ; à la droite et à la gauche est une chaise ; trois stores sur le devant ; six tabourets dans le fond ; tendue en dehors en velours bleu, brodés en or, et parsemés de fleurs-de-lis; à droite et à gauche, rideau formant draperie, relevé avec des glands d'or; au milieu et au-dessus sont pla-cées les armes de France.

L'intérieur du petit salon qui est placé en face de la loge des capitaines des gardes est tendu en papier vert, une bordure d'or, pla-fond étoilé. Entre la porte, deux armoires, une cheminée garnie de son feu; devant, une grille dorée, deux encoignures de fer pour re-cevoir la pelle et la pincette, et garantir le parquet du feu; une glace au-dessus. A droite et à gauche de la cheminée, deux cadres pour contenir l'affiche du jour, dont un en carton, bordure en maroquin rouge doré, surmonté des armes de France formant le chapiteau, établi à mes frais par Lefebvre, relieur, quai des Augustins; l'autre en bois d'ébène, une fleur-de-lis à chaque coin, et une de cuivre argenté formant le fronton; une console de marbre blanc; au-dessus une glace; dans le coin, un petit guéridon de marbre mélangé, adossé à la cloison; à deux portes vitrées de verre dépoli, deux petits rideaux blancs, et par-dessus deux grands rideaux bleus formant draperie, relevés par deux *paters*; en face de la croisée qui donne directement au-dessus de la porte d'entrée, rue Rameau, qui a été établie par M. Choron pour se faire un couloir de l'administration à la porte de la garde-robe aboutissant sur le théâtre par le foyer du chant.

Dans la garde-robe, une table de nuit garnie de deux pots de porcelaine, bords dorés; dessus, une cuvette et son pot à l'eau; au-dessus, une petite tablette pour poser un chandelier; une armoire entre la fenêtre; le feûtier y dépose le bois; une cloche de tôle pour étouffer le feu après le spectacle, en attendant que le concierge fasse sa visite.

L'entrée de l'administration de l'Opéra est à gauche des premières; dans le coin, la porte est en face l'escalier des secondes; telle est sa distribution : à gauche, une cloison qui se prolonge jusque dans l'administration; trois portes y sont pratiquées, la première pour l'antichambre, la seconde pour l'entrée du second bureau, la troisième dans l'administration.

A la droite de la porte d'entrée est un coffre renfermant le bois; en face est la porte de l'antichambre; à gauche est un poêle de terre jaune bronzé; dans le fond, une porte peinte en gris; en face, une table longue couverte d'un tapis vert adossé à la croisée; dans l'embrasure de la fenêtre, à droite, une porte qui communique dans le second bureau; à droite est une bergère, au bout de laquelle est une porte vitrée; à côté, une petite table longue, de bois noir, adossée à la cloison en face la croisée; à droite est un secrétaire d'une forme octogone; à côté est la porte qui conduit dans l'administration; à droite est un piédestal sur lequel repose Grétry, ce vrai peintre de la nation; la cheminée garnie de son feu; au-dessus, une glace et le portrait du Roi; dans le coin, un écran devant la petite porte qui communique dans le couloir. Dans le milieu, le piédestal entre les deux portes, sur lequel repose le portrait de Gluck. En face la première croisée, à côté, est une porte qui a été pratiquée par M. Chauron, et qui communique au corridor des premières, d'où l'on sortait les tables de sapin d'environ six pieds de long, garnies de crochets pour maintenir leurs pieds, servant aux délibérations, et qui étaient rangées le long du mur qui se prolonge jusqu'à la cloison; une banquette devant, où les valets-de-pied du prince s'asseyaient pendant le spectacle; au-dessus de leur tête un quinquet dans le coin. Le troisième piédestal est Sacchini. En face de la deuxième croisée, à côté du buste, en suivant dans le coin, est une petite armoire dans laquelle le nommé Halanzy, garçon de bureau, dépose ses papiers. Sur le mur qui est en face de la cheminée sont attachés trois cadres destinés à renfermer l'affiche; celui de la droite renferme celle du théâtre royal italien : *il Matrimonio secreto*.

Celui du milieu a deux fins : Académie royale de Musique; et Théâtre royal italien. Il contenait l'affiche du lundi 14 : *Relâche*. A minuit, *Bal masqué*. A la gauche est le cadre destiné à contenir l'affiche de l'Opéra.

Au milieu est une table ronde couverte d'un tapis vert : un grand fauteuil d'acajou; les bras sont portés par deux aigles; deux anneaux de cuivre traversent le bec. Au-dessus de la table, et au milieu du plafond, est suspendu un quinquet.

Entre les deux croisées est un piédestal qui supporte la pendule.

ACADÉMIE ROYALE DE MUSIQUE.

Demain samedi, 12 février 1820,

BAL MASQUÉ.

Dimanche 13, par extraordinaire,

LE CARNAVAL DE VENISE, LE ROSSIGNOL,

et

LES NOCES DE GAMACHE.

MM. les locataires de loges et abonnés jouiront de leurs droits à cette représentation, en remplacement de celle de lundi.

Lundi 14, RELACHE.

A minuit, BAL MASQUÉ.

Roullet, libraire de l'Opéra, et son épouse, ouvreuse de la loge du Roi, sont sortis à quatre heures du soir du logement qu'ils occupent provisoirement rue du Battoir, n° 12, pendant le temps qu'exigent les réparations que l'on fait à celui qu'ils occupent depuis dix-sept ans rue des Poitevins, n° 7 ; ils sont montés dans une petite cariole appartenant à M. Dumas, son beau-père, âgé de quatre-vingt-huit ans, employé à la cour des comptes, établie à ses frais à l'effet de suppléer à ses jambes. C'est moi qui suis son conducteur. Elle m'a rendu un grand service; car depuis trois ans je brouette mon épouse à son poste depuis son accident. Arrivée sous l'arcade Colbert, là elle y stationne pendant toute la durée du spectacle, tantôt à droite, tantôt à gauche, selon la consigne que l'on reçoit de l'officier de police, attachée à un piton enfoncé dans le mur, et confiée à la garde du nommé Simon, père de six enfants en bas âge, et dont j'ai le petit Simon chez moi. A cinq heures nous arrivons dans l'Opéra. J'ouvre ma boutique, qui est sur le côté du rez-de-chaussée à droite, donnant sur la rue de Richelieu, en face du mur de la Bibliothèque du Roi, qui conduit à l'arcade Colbert.

Dès l'époque que mon épouse fut nommée à la loge du Roi, je contractai l'habitude de lui disposer ses loges et le petit salon, pour la soulager, car elle n'est pas bien vigoureuse. Je monte donc faire le service, et redescends, à l'ouverture des portes, pour faire mon commerce. Pendant la durée du spectacle je montais de temps en temps.

Mon épouse est montée à sept heures pour

faire son poste; elle attendait le Prince et la Princesse, qui devaient venir voir le *Carnaval de Venise;* mais ils ne sont arrivés qu'au lever de la toile pour le *Rossignol.* Monseigneur lui dit en montant : *Madame Roullet, est-ce commencé?* Elle lui dit : *Monseigneur, voilà le* Rossignol *qui commence.* Le prince répond : *Ah! c'est bon.* Ils entrent dans leur loge, accompagnés de messieurs le comte de Menard , le comte de Choiseul-César, le comte de Coigny, le comte de Clermont, madame la marquise de Béthisy. Je monte, lorsqu'on jouait le *Rossignol,* dans le salon. Le général Montelegier, aide-de-camp du Prince, entre dans le même moment, en demandant à mon épouse du taffetas d'Angleterre pour poser sur une coupure qu'il s'était faite au-dessous du nez. Elle descend à la boutique pour prendre son sac, dans lequel il y avait un petit portefeuille rouge contenant du taffetas noir. Je lui proposai de lui en donner de couleur de chair, en lui observant qu'il serait moins apparent. Il me répondit que celui-là suffisait. Pendant tout cet entretien je sortis une petite boîte de l'armoire. A sa vue, il me dit : *C'est une petite pharmacie; c'est très commode.* Je lui observai que la difficulté de se procurer le moindre secours dans la maison m'avait fait naître l'idée de l'établir ; et il s'en alla.

Que j'étais loin de prévoir, en l'établissant, qu'elle servirait à administrer les premiers secours au meilleur des Princes ! Oh ! fatalité des événements !... Oh ! déplorable nuit !... capable de ressusciter les morts et d'anéantir tous les vrais Français !

Je redescends dans ma boutique ; à l'entr'acte du *Rossignol* ils montent tous dans le salon. Mon épouse se range pour les laisser passer dans le salon.

Monseigneur lui dit : *Pas là, madame Roullet ; nous allons faire une visite.* Elle lui ouvre la porte de communication : ils vont chez le duc d'Orléans. Madame la comtesse de Béthisy revient avec M. le comte de Menars bien avant eux, dans le petit salon : ils ont jasé jusqu'au moment que le Prince et la Princesse reviennent, où ils sont revenus encore assez à temps pour rentrer dans le salon. La Princesse s'était heurtée dans le corridor à une porte qui s'était ouverte au moment qu'elle passait : le Prince croyant qu'elle s'était frappée à la clef de la loge des capitaines des gardes ; elle lui dit : *Monseigneur, je suis devant,* et il frotte le bras à la Princesse qui dit : *Ce n'est rien.* Ils se sont assis dans un fauteuil ; la Princesse bâilloit ; le Prince lui dit : *Veux-tu aller te coucher ?* Elle lui répond : *Non, je veux voir le Ballet.*

Le Prince lui demanda : *Madame Roullet ça commence-t-il ?* Elle lui dit : *Monseigneur, pas encore.* Aussitôt qu'on a frappé du pied elle dit au Prince : *Monseigneur, ça commence.* Il la remercie, et sont descendus dans leur loge, où ils ont vu le premier acte des *Noces de Gamache.* Au commencement du second acte ; lorsque l'on garnit le buffet de Sancho, il reconduit son épouse.

Mon épouse, qui avait passé la nuit au bal, était contente de ce que le Prince était parti, croyant se reposer plus tôt. Mais quel fut son étonnement lorsque des cris effroyables vinrent frapper ses oreilles. Croyant que la Princesse s'était laissée tomber, elle court à la croisée du petit salon qui plonge sur la voiture du Prince. Ne la voyant pas bouger, elle descend l'escalier. Quelle fut sa position ! ses yeux sont frappés de la personne du

Prince, étendu sur une banquette destinée à
la Garde royale, baignant dans son sang, la
Princesse à ses genoux, déjà inondé du sien,
lui disant : *Madame Roullet, je suis assassiné.*

Il paraît, d'après la position de la blessure,
que l'intention du Prince était de remonter
pour voir la fin du ballet.

Mon épouse, apercevant que le Prince
étouffait, va pour lui détacher sa cravate.
La Princesse, dans son désordre, la repousse
avec force. A la suite de cette scène de vio-
lence, elle lui a répondu *qu'elle ne voulait
point faire de mal au Prince, et qu'elle allait
chercher du secours.*

Elle monte précipitamment l'escalier, ouvre la loge des capitaines des gardes, et dit
tout bas au duc de Grammont : M. le Duc,
le Prince est assassiné. Il se retourne, étourdi
de ce qu'elle lui disait, il lui demande comment. Sur ce mot elle le quitte brusquement,
ouvre la porte de communication qui conduit au corridor des premières : elle était sur
la porte.

Je me disposais à monter la recette ; je ne
sais par quel mouvement je me trouve attiré
devant la croisée qui est en face de ma bou-

tique. Tout-à-coup j'aperçois le public courir en masse devant la façade du théâtre. Des cris, arrête! au voleur! frappent mes oreilles. Revenant sur leurs pas je distingue dans le tumulte la livrée du Prince. Je me précipite et grimpe l'escalier des premières. J'aperçois mon épouse, qui était sur la porte de communication, me criant, toute effarée : *Roullet, va chercher du secours; le Prince est assassiné!* Je me présente à l'amphithéâtre : j'ouvre la porte, et demande à Martin qui y reçoit les billets, MM. Tartera et Dauzes, chirurgiens honoraires et de fondation pour le service du théâtre, et que j'avais habitude de voir tous les jours de spectacle; il me dit qu'il ne les avait pas vus. Je rentre précipitamment dans le salon, en murmurant sur leur inexactitude. Le Prince, monté dans le salon par ses valets de pied, et mon épouse qui soulevait une jambe. Ils le posèrent devant la cheminée, assis dans un fauteuil. Il dit, d'une voix sourde : *Un prêtre, un prêtre!* la Princesse répète : *un prêtre.* Je me saisis de ma petite pharmacie; je la dépose sur le coin de la cheminée; j'en extrais un flacon de vinaigre, et frotte avec la main les tempes du

Prince. Un jeune homme, nommé *Drogar*, entre le premier dans le salon ; les assistants le questionnèrent en lui demandant s'il était chirurgien. Il répondit qu'il était l'enfant d'Esculape. Je coupai, déchirai ses vête-ments, afin de mettre sa plaie à découvert. Bougon mit un genou en terre, suça la plaie; et s'écriant : *Ah ! mon Prince !* Lacroix, chi-rurgien, vint en second. Je pris un flacon de vinaigre astringent, et en fis respirer dans mon mouchoir; je m'en servis pour étancher le sang. En me retournant, le même servit à essuyer la robe de la Princesse ; car j'étais entre eux deux; ce qui fit dire à madame de Béthizy, sa femme d'honneur : *Laissez, laissez, c'est mon affaire.*

M. Ferté, commissaire de police, s'est présenté à la porte du petit salon, se dres-sant sur la pointe des pieds, et alongeant la tête. Je fis dissoudre dans le petit verre un petit morceau de sucre et de fleur d'o-range que je lui fis prendre. Lacroix me re-mit le fer qui avait frappé le Prince, en me disant de le serrer, dans le cas que l'on le demande. Je le déposai entre le bouchon du flacon et le petit morceau de sucre qui me restait. J'ignore qui l'a remis à l'officier de police, car le matin je ne trouvai que le bou-chon et le petit morceau de sucre.

M. Dupuytrin, chirurgien, enfonça son doigt entièrement dans la plaie, afin de faciliter l'évasion du sang. Comme on se disposait à saigner le Prince au bras droit, la Princesse s'écria : *Vous allez donc lui faire une seconde plaie, il ne l'a jamais été.* L'interprète du Dieu vivant, l'ange consolateur paraît, et remplit ses desirs ; l'évêque : Me voici, Monseigneur. Il lui donne l'absolution, et lui remet tous ses péchés ; le suit sur le lit de douleur ; attaché au chevet de son lit, il dispose son ame à paraître devant le juge suprême des bons et des méchants. La difficulté que l'on avait de trouver la veine, cependant elle leur dit, dans son agitation : *Je m'abandonne à vous ; puissiez-vous me le rendre !* Lorsque la veine fut ouverte, je présentai une assiette pour recevoir le sang ; mais trop plate, je courus chercher la cuvette dans la garde-robe. On demanda une bandelette ou une jarretière pour ligature. La Princesse et madame de Bethizy détachèrent la leur ; mais comme elles sont élastiques on ne put en faire usage. Je jetai ma cravate aux chirurgiens ; mais comme elle était de mousseline, ils ne purent s'en servir. Ce fut la ceinture de la Duchesse qui servit de ligature. Je substituai à mon cou une serviette que je gardai toute la nuit. Le salon, devenu trop petit pour lui administrer des secours devenant trop urgents, on demanda s'il n'y avait pas une autre pièce. J'indiquai, en ouvrant les deux portes battantes du petit salon, et ouvre la porte de l'administration qui communique à la séparation qu'avait fait établir M. Chauron, ci-devant administrateur, pour communiquer de la garde-robe au théâtre. M. Courtin, agent comptable y était; il me dit de déranger une table ronde; je la tirai à moi, et fut rangée par Alanzy, garçon de bureau de l'administration. On substitue à sa place un lit de sangle, surmonté de deux matelas, un lit de plumes, un oreiller, une paire de draps, une couverture, par un inconnu; des serviettes, deux chemises, procurées par M. Gransire. M. Courtin donne ordre à Alanzy d'ouvrir la porte qui est dans le coin de la cheminée, à gauche, d'y prendre un paquet de bougies et deux chandeliers de cuivre doré. Je n'ai attribué sa disparution subite qu'à la stupeur dont il avait été frappé, qui avait anéanti le peu de force qu'il avait recouvert d'une indisposition qui l'avait suspendu de ses fonctions pendant quelques jours. Je m'emparai de la cheminée pendant qu'on faisait le lit du Prince. Je disposai les six chandeliers garnis de leurs bougies allumées ; je les distribuai ainsi : deux sur la cheminée, un sur le piédestal de Grétry ; deux sur le piédestal de la pendule, un sur le piédestal de Gluck. Au pied du chandelier est un petit bout allumé, posé sur ledit chandelier.

Lorsque le Prince fut couché dans la salle de l'administration, les chirurgiens pressaient toujours la plaie pour en extraire le sang. Les gémissements que le Prince poussait étaient déchirants. Il s'exprimait ainsi avec son air de bonté : *J'ai sans doute offensé cet homme-là ; grace ! grace !*

La duchesse de Berry justifia d'une manière non équivoque du courage dont son sexe est susceptible, et dont il a donné si souvent l'exemple à nos semblables. *J'ai plus de force que vous ne m'en supposez,* disait-elle à ceux qui cherchaient à l'éloigner de ce tableau d'horreur, en restant constamment au chevet du lit de son époux, et partageant ses forces à l'encourager.

Les chirurgiens, avant de lui appliquer les remèdes : *Dites - nous, Monseigneur, de quel côté vous ressentez vos douleurs ? Cet aveu de votre part nous est bien nécessaire pour que nous puissions apporter de l'adoucissement à vos souffrances.* Comme elle se faisait sentir dans toutes les parties de son corps, il n'a rien répondu. Les chirurgiens se remirent auprès de M. Dubois pour se consulter. On commença par ordonner un bain de pieds.

Je n'avais qu'une petite bouillotte contenant à peine un demi-setier d'eau : je la présentai au feu. Dans cette entrefaite, on apporta une cafetière pleine d'eau chaude calcinée par le feu ; je la mis au milieu des flammes, puis après deux grandes bouillottes. Je vidai l'eau dans la cuvette ; mais, trop petite, j'allai chercher le seau de faïence de la garde-robe, un peu plus grand. Enfin il arrive un grand seau de terre brune, et nous fûmes à notre aise : il m'a été d'une grande utilité, car c'est lui qui a servi à transvider toutes les eaux. Je déchirai une serviette d'après l'ordre des chirurgiens ; un d'entre eux en prit plusieurs pour disposer un bandage. S'adressant à mon épouse : *Cousez-moi ça.* La première aiguille se trouvant émoussée, et, étourdie de la première secousse, son doigt *panarié* n'allait pas aussi vite que le cas l'exigeait. Le chirurgien acheva de le coudre : il me donna le second, en me disant vous êtes vif; cousez-moi celui-là? Ce que je fis, et déposai les deux aiguilles dans le coin de la glace, en cas de besoin.

Dieu de bonté, vous dont la rosée bienfaisante vivifie l'ame des malheureux mortels et raffermit les cœurs, je vous rends grace! En effet, qui aurait reconnu un des traits de la fille du plus infortuné des Rois!

La duchesse d'Angoulême est entré dans le même moment avec son époux dans l'administration : le Duc s'empara du chevet du lit de son frère, et a constamment occupé cette place, pendant l'horrible nuit, à genoux. Dans cette attitude, confondu parmi les dieux d'Esculape, qui mettaient en usage toutes les ressources de l'art. Les chirurgiens n'avaient cessé de presser la plaie, afin d'en extraire le sang; mais ce fut peine inutile. On se consulta pour appliquer les ventouses et

les topiques. Grand Dieu! que de supplices
à-la-fois !

Pendant qu'on administrait les ventouses
au Prince, dans l'excès de ce supplice, il s'é-
criait : Ah! que vous me faites souffrir! vous
m'arrachez le cœur! Il faisait la récapitula-
tion de ses fautes, et les confessait haute-
ment. Il s'exprimait ainsi : Je suis un grand
pécheur ; *mes enfants adoptifs, ma femme, ma
fille naturelle! Charles, mon bon Charles!
calme-toi, j'en aurai soin comme mes propres
enfants. Mon frère, prends soin de ma famille :
je te demande pardon des chagrins que je t'ai cau-
sés par nos petites tracasseries. Promets-moi de les
ensevelir pour jamais dans un éternel oubli. Des
larmes ! des larmes !* L'évêque, au chevet du
lit du Prince, à côté du chirurgien qui tenait
le poulx de la main gauche; la duchesse de
Berry à côté de lui, adossée au piédestal qui
supporte Sacchini, le peintre de la nature.

« Dieu qui vous entend (dit l'évêque) vous
a déjà pardonné; tous ceux qui vous entou-
rent lui demandent de partager vos souffrances, afin d'en diminuer le poids. A l'exemple de Jésus-Christ, assis au Jardin des Oli-
ves, offrez-lui le calice d'amertume dont la

vie ici-bas est remplie. Il vous tend les bras, et vous assigne une place dans la vie éternelle, où tout bon chrétien aspire. »

Le duc de Coigny, aide-de-camp du Prince, s'approche de mon épouse, en lui demandant comment il pourrait introduire les enfants naturels que le prince demandait à voir. Elle le suit, traversant l'antichambre où l'on interrogeait le parricide; mais l'ayant perdu de vue, elle l'a attendu quelques instants. Et jugeant que sa présence était nécessaire auprès du Prince, elle remonte quatre marches : elle se trouve accostée par une femme tenant un paquet enveloppé dans une toilette de soie brune, se disant femme-de-chambre de la Duchesse. Elle lui dit : Suivez-moi. Elle la prend par le pan de sa robe. Je vais vous introduire auprès de la Princesse. Aussitôt qu'elle fut parvenue auprès d'elle, la Duchesse passa dans le bureau et changea de vêtements. Son ajustement était composé d'une petite robe de tricot blanche, une petite camisole par-dessus, garnie par le bas, et un petit béguin à dentelle, à hauteur d'un petit doigt. Il n'a pas long-temps séjourné sur sa tête. Peu de temps après, le duc de

Coigny introduisit les deux petites filles vê-
tues de petites redingotes de casimir fond
jaune, chapeau blanc.

Ouvrir et fermer les croisées au comman-
dement des chirurgiens pour procurer le vo-
lume d'air qui était si nécessaire aux secours
qu'ils s'efforçaient de prodiguer pour ménager ses forces. Ce qui fit dire au Prince, d'une
voix gênée par la respiration : *Que cette enceinte renferme de gens inutiles!*

Favart, inspecteur du théâtre, petit-fils de
Favart l'auteur. On saigna pour la seconde
fois le Prince lorsqu'il fut dans l'administration. Comme je n'avais pas de vase pour
transvider le sang, j'ouvre la seconde fenêtre
en criant : *gare l'eau !* La voiture du Prince
recula ; le cocher reçut quelque éclaboussure.
Je m'adressai à Favart, en sa qualité d'inspecteur du théâtre, de vouloir bien descendre
pour faire déranger les voitures qui étaient
en bas des fenêtres, afin de donner la facilité
aux écoulements des eaux. Il n'en fit rien, et
alla se placer derrière le buste de Gluck, ce
mâle génie, justement admiré de toutes les
nations. Il y resta debout jusqu'au lendemain
matin, comme paralysé.

Lorsqu'on eut administré le premier lavement au Prince, il vomit en approchant la cuvette. Je m'écriai : tant mieux ! ça le soulagera. Le Prince demanda qu'on le relève, ayant la tête trop haute. On ôta le lit de plume sur lequel il étoit trop enfoncé ; on le souleva au pied du lit. Le Prince, qui était soutenu dessous les aisselles par ses valets-depied, se saisit de la tête de celui qui le tenait par les pieds, et lui tira fortement les cheveux. On le remit dans son lit. On applique les sang-sues sans les compter : elles ne produisent pas d'effet.

La quantité de sang et d'eau qu'on avait employés ne pouvant contenir dans les vases qui me servaient, j'ai pris le parti de descendre par la porte de communication de de la garde-robe qui conduit au foyer du chant, sur le théâtre, où je savais qu'il existait un plomb sur le carré, à la porte d'entrée du caissier. Quelle fut ma surprise d'y voir à sa place un grand poêle. Fortement arrêté dans mon opération, je trouvai l'idée bizarre ; je descendis plus bas : je trouvai au pied de l'escalier un baquet semblable à ceux que l'on met dans les jardins publics pour

épancher les eaux : je le remplis de deux
seaux , juste la mesure. En remontant j'a-
perçus le caissier ouvrir la porte de sa chambre : ils étaient deux. Il me demanda si j'a-
vais besoin de quelque chose ; lui répondant
que *non*; je lui témoignai ma surprise de
la suppression d'une chose aussi utile : le
plomb. — On l'a fait disparaître ; *je l'ai vu
et je le vois.* Il me dit qu'il allait monter ; je
le priai de n'en rien faire, attendu que l'on
s'occupait à diminuer le nombre des assistants, afin de conserver le peu d'air qu'il
contenait, devenu si précieux au malade. Je
m'en fus.

La nourrice approchant la petite Princesse
qu'elle tenait sur ses bras, pour recevoir la
bénédiction de son père, poussa des cris.
Oh ! nature, tu ne perds jamais tes droits !

La nourrice ayant quitté le lit du Prince,
elle passa dans le second bureau de l'administration : je la suivis, craignant que cette
scène n'ait produit sur elle quelque boulé-
versement ; je l'invitai de s'abstenir de donner
à teter à son enfant, dans la crainte de lui
faire du mal. Elle m'a répondu qu'il n'y avait
point de danger. Je me retirai.

Le curé de Saint-Roch , accompagné de

son clerc, se disposait à administrer au Prince les saintes huiles : mon épouse lui approcha une chaise, sur laquelle il déposa son livre. Il élève un autel à la Divinité, sur le piédestal où repose l'horloge : c'est elle qui avertit les humains que le temps fuit, la mort approche. Pendant ce temps le Duc ne se dissimulait point son état : il demandait souvent aux chirurgiens s'ils sentaient encore son pouls. Quand il eut administré les saintes huiles, le clerc me demanda de l'eau ; je lui demandai s'il la fallait chaude ou froide. — De la chaude. Je m'approchai du curé avec le bassin, et lui versai de l'eau sur les mains, et lui demandai où il fallait jeter les étoupes. Dans le feu : ce que je fis.

La soif dévorante qu'éprouvait le Duc dans l'excès de ses douleurs, demandait fréquemment à boire. Jusqu'à ce moment on lui avait donné du sucre, de la fleur d'orange, de l'éther, ordonnés par les chirurgiens, et administrés par les valets-de-pied. La fièvre ne faisait que l'augmenter. Il demanda une orange. Je dis à mon épouse d'apporter celle que renfermait son armoire, pour satisfaire le Prince. Tout-à-coup je me sens suspendu dans le mouvement que je faisais pour la passer au chirurgien qui était à la gauche du lit. Une voix sourde qui sortait de la bouche d'un petit homme, d'un embonpoint: on est allé en chercher à l'Élisée-Bourbon. Dans ce moment, il me semblait apercevoir dans ses mains le bâton surmonté d'une éponge trempée dans le vinaigre, la tendre au divin sauveur du monde étendu sur la croix, le flanc percé d'une lance. Enfin elle arrive, ainsi que deux carafons d'orangeade. Elle est divisée; les lèvres du prince sont mouillées: les quartiers sont jetés au pied du lit, vont frapper à la muraille, tombant dans le coin de la cheminée à droite sur le linge de rechange.

Le violent mal de tête que le Prince éprouvait à la suite de tant de remèdes aussi violents, que les chirurgiens, pour donner du répit à ses convulsions, ordonnèrent des compresses. Je m'adressai à M. Gransire; et lui demandai s'il avait du vinaigre, dont les chirurgiens avaient besoin pour poser des compresses sur le front du Prince, afin de calmer son violent mal de tête. Il me dit qu'il était à l'estragon. Je le redis aux chirurgiens, qui me dirent: c'est égal. Il me descendit une burette pleine, que je vidai dans la cuvette, et trempai une serviette que l'on appliqua. J'en apprêtai une autre : on n'en fit point usage. Je posai la burette sur le piédestal de Grétry.

Enfin, on résolut d'appliquer les herbes emmollientes : il s'agissait de se procurer de la flanelle d'Angleterre ; M. Masson, huissier de la chambre du Prince, dit qu'il en avait chez lui, et s'en fut la querir. Pendant ce temps je me disposais à entretenir le feu pour que leur ébullition n'éprouvassent point de retard. J'allai chercher trois morceaux de bois dans la garde-robe. Comme j'allais en mettre dans l'âtre, un valet-de-pied du Prince sortant tout-à-coup de l'embrasure de la fenêtre où il s'était tapi, me dit que l'on étouffait, qu'il n'en fallait plus faire. Sa fausse observation me déconcertant, je déposai les trois morceaux de bois au pied de l'ambâse qui supporte la pendule, et m'écriai tout bas : Que les riches sont esclaves de leurs propres esclaves ! Heureusement on n'en fit point usage.

Sur la fin de la nuit, la lumière devint importune au Prince : on en souffla deux. Je déposai un flambeau au pied de la pendule, un peu trop près du rideau qu'agitait le vent, ce qui fit dire au comte de Nantouillet et à un autre personnage : Prenez garde au feu. Les deux autres par terre auprès de la porte qui communique dans la garde-robe.

Le Prince fut changé pour la troisième fois. Mon épouse s'approchant du lit pour le border, le Prince demanda à la duchesse de Berry, d'une voix presque éteinte : *Qui est-là ? — C'est madame Roullet.* Ses forces diminuèrent sensiblement. Il se retourna sur sa gauche, et ne changea plus de place qu'au moment où le Roi est entré. Dans cet état d'abattement, il dit à la Duchesse : Retire...-toi, tes san... glots... a... joutent encore... aux... maux... que j'endure. Soumise aux moindres volontés du Prince, elle ne s'en sépare qu'à la prière réitérée du Duc. Re...-tire...-toi.

Ames sensibles ! ces cris, ces sanglots et ces pleurs, doivent vous peindre l'agitation de son cœur. Elle se retira dans le second bureau de l'administration.

A cinq heures du matin un léger mouvement s'opéra dans l'administration, produit par l'arrivée du Roi. Dans le moment on allait administrer au Duc le second lavement. On le suspendit. Pendant ce temps mon épouse approche le fauteuil. Le Roi s'assied ; je lui prends son chapeau et sa canne des mains, pose son chapeau sur son buste, qui est sur la cheminée, et sa canne dans le coin de l'ambase, au pied duquel était la petite pharmacie, et le pot renfermant le topique. Lorsqu'il eut pris haleine, on dit au Duc: Voilà le Roi ; il était déja bien bas : il lui restait à peine la force de prononcer : *Grace!* Il était réservé à l'auteur des jours du petit-fils d'Henri d'exprimer ces deux vers :

Si vous ne pardonnez , il expire à vos yeux.

Le Roi ému, plaçant sa confiance dans les décrets de la divine providence, répondit: Occupons-nous de lui, plus tard nous en parlerons.

Les chirurgiens ne sentant plus le pouls du Prince, demandèrent un miroir. Comme il n'y en avait pas, le Roi demanda si le verre d'une tabatière était bon. On lui dit que oui. Il offrit sa boîte. Je la pris des mains de sa majesté; je la passai au chirurgien qui était

à gauche du lit. Il la présenta devant les lèvres du Prince : elle ne ternit point le verre :
On monta un miroir. C'EN EST FAIT !

Les chirurgiens, désespérant de l'état du
Prince, s'adressant au Roi, en lui disant :
Sire, il est temps que votre majesté se ménage la vue d'un tableau aussi déchirant. Le
Roi : Il n'est pas besoin de vous dire la douleur que j'éprouve en ce moment ; mais je
dois à mon neveu un dernier devoir. En pro-
férant ces paroles, le Roi se léve, prend la
main droite du Prince, la mouille de ses
larmes, lui ferme les yeux.

C'est en vain que vous prétendez me ravir
son dernier soupir : il est à moi ; je veux, je
prétends, je l'ordonne. Plus prompte que l'é-
clair qui précède la foudre, elle s'élance,
renverse le duc d'Angoulême, le comte d'Artois, et s'arrête aux pieds du Roi, se reléve,
saisit la main de son époux, déja sans mouvement ; la mouille de ses larmes, se rétourne
précipitamment devant le Roi, les mains
jointes, les cheveux épars, et lui dit : Sire,
je ne consens à vous suivre qu'à condition
que vous m'accorderez la grace de quitter
pour jamais le sol de la France ; que je ren-

trerai dans le sein de ma famille avec mes enfants. Elle s'enfuit. A la place d'où elle était sorti, le Roi la suivit dans le bureau de l'administration. Là , il s'assied sur une chaise qui était adossée à la croisée. Il demande sa voiture au duc de La Châtre, son valet-de-chambre. Comme on transportait son fauteuil, qui avait de la peine à passer par la porte , en faisant un mouvement pour l'attirer à moi , il me dit qu'il préférait la chaise. Je lui demandai s'il avait besoin de quelque chose. — Ce n'est point le physique qui est attaqué , mais bien le moral. Pendant qu'il se reposait, un chirurgien adressa ce discours au Roi : Sire , je puis assurer à votre majesté, au nom de tous mes collégues, qu'il n'y en a pas un de nous qui n'aurait donné ses jours pour conserver ceux du prince. Le Roi lui fit entendre , par sa réponse, que c'était au-dessús des forces humaines, et qu'il n'appartenait qu'à un Dieu d'opérer un tel miracle.

Le duc de La Châtre lui annonça sa voiture, et il partit.

La duchesse de Berry était descendue avant lui. Je rangeai le fauteuil au fond du bureau ;

et, en le mettant en place, je mis le pied sur une petite boîte d'or renfermant de l'odeur. Je la ramassai, je la mis dans ma poche et l'emportai chez moi, où elle est déposée depuis ce temps dans un tiroir de mon secrétaire.

OBSERVATIONS.

Au moment où l'on saignait le Prince dans le petit salon, le duc de Grammont et le duc de Mouchi étoient présents. Comme je ne me sentais pas assez de force pour y assister, je me reposais sur mon mari qui ne le quittait pas. Je sortis par la porte de communication et priai l'écuyer du duc d'Orléans de garder ma porte. Je descends à ma boutique pour la faire fermer. Le monde était en foule dans l'escalier, qui descendait du spectacle, et prêt de finir; Je revins bien vite et rentrai.

Je pris les chapeaux des pages, que j'avais serrés dans la loge du Roi, et les enveloppai dans mon tablier, pour les leur rendre. J'ouvre la porte et leur dis : voilà vos chapeaux; je ne serai peut-être pas là à la toile baissée. En même temps, je descends tout en bas dans le corps-de-garde; sur la banquette où avait été assassiné le Prince, je trouve son chapeau et le cachemire blanc de la Princesse. Je le prends et le monte. Le Prince était déja transporté dans l'administration. Je le suis, et remets le chapeau et le cachemire à un valet-de-pied de la Princesse, qui était adossé à la tête du lit dans lequel était le Prince.

AUTRE.

Lorsque j'eus descendu l'escalier avec le comte de Coigny, passant par la porte d'entrée du petit salon, j'aperçus le duc de Grammont sur le carré, qui était assis devant la porte de la loge du Roi, une foule innombrable d'individus qui encombraient l'escalier et toutes les issues. Un seul me frappa; il était debout devant la chaise où je m'assois, derrière la porte, d'une bonne taille, d'un embonpoint, cheveux blonds, le nez plat, un enfant à côté de lui, d'une contenance toute étonnée, qui me questionna en passant, en me disant : le Prince a donc vomi du sang ? — C'est faux, et je passe.

AUTRE.

Sur le matin, elle était au pied du lit du Prince. Il demande le Roi; elle sort bien vite dans l'antichambre de l'administration; elle trouvé le comte Pradel derrière la porte ; elle s'approche de lui. Monsieur le comte, le Roi vient-il ? le Prince le demande. Il lui répond qu'il va venir. Elle rentre quelques moments dans l'administration. Le Prince réitère sa demande avec précipitation ; elle répond : Monseigneur, il va venir. Elle retourne une seconde fois auprès du comte. Le Roi vient-il ? Il lui répond : il monte. — Ah ! tant mieux, car le Prince ne fait que le demander.

OBSERVATIONS.

Quand la Princesse a été déshabillée, elle versa des larmes ; ne pouvant s'essuyer les yeux, la marquise de Bethizy me demanda son mouchoir, je lui dis que je ne savais ce qu'il était devenu ; cependant je vas, fendant la foule, dans le petit salon, pour le chercher : je crois le voir ; mais c'était la cravate de mon mari. Je la prends toute couverte du sang du malheureux Prince ; je la porte auprès de la duchesse d'Orléans. Je lui dis que je croyais que c'était le mouchoir de la Princesse, en m'approchant près d'elle. Elle était assise derrière la porte devant la cheminée. Je cherche la marque, et je vois un R ; je dis :

c'est bien à moi. Elle me regarde, et ne me dit rien. Je la mets dans la poche de mon tablier noir et m'en fus.

AUTRE OBSERVATION.

Dans la nuit, au moment que le Prince était bien mal, il vint un valet-de-pied de Monseigneur le duc de Berry me demander un verre d'eau. Il me dit : c'est pour Monseigneur le duc d'Orléans. Je cherche un verre ; enfin j'en trouve un et le lui donne : il me demande une assiette pour le présenter ; je lui dis assez brusquement : on boit aujourd'hui sans assiette ; et il s'en fut le porter.

AUTRE.

Dans le courant de la nuit, Madame de Gontault, gouvernante de la petite Princesse, vint me dire tout bas : je voudrais bien un verre d'eau. Je lui dis : je vais vous en apporter. Je prends un verre et trois bons morceaux de sucre, vais lui porter dans le second bureau de l'administration, où était la nourrice, qui était assise auprès d'elle. En m'apercevant elle vint au-devant de moi. En lui adressant la parole : je suis bien fâchée de vous l'offrir comme cela, tenant le sucre qui fondait dans ma main. Elle me dit : ah ! bien obligée, et je retournai auprès du Prince.

AUTRE.

Questions faites au comte de Chabot, colonel, par mon épouse, pendant la nuit.

Elle s'approchait de temps en temps du chevet du lit ; elle s'adressait au duc d'Angoulême, le prenant pour un des chirurgiens ; elle lui demandait comment il trouvait le Prince ; il lui répondait d'une manière si obligeante, qu'elle ne fut point surprise lorsqu'il lui dit que c'était le duc d'Angoulême.

DERNIÈRE OBSERVATION.

Quand le Prince a été mort, il a fallu que je remporte tous les ustensiles qui appartenaient au garde-meuble ; j'ai fait bien des voyages. Le premier que je portai dans le petit salon, où sont mes armoires, je vois plusieurs valets-de-pied du Prince et autres qui me demandèrent les vêtements de Monseigneur. Je leur dis : les voilà dans le coin de la cheminée, et j'ouvre mon armoire pour leur donner sa redingote, que j'avais serrée, et les donnai à des hommes d'écurie qui étaient là. Ils ont même emporté le porte-col de mon mari, que je n'ai pas retiré pour ne plus toucher ces vêtements qui me faisaient frémir. Je revins dans l'administration; les aides-de-camp autour du lit, et les valets-de-chambre coupant des cheveux au Prince, en disant : *en voulez-vous?* Le général Montelegier demande du papier au nommé Bouchon, qui est le concierge de la porte d'entrée par où passait le Prince. Il lui dit : *en voilà; mais il est écrit.* Il lui dit : c'est égal, et le prend, démunit Bouchon des cheveux qu'il possédait et les met dans sa poche. Il fallait me voir les mains pleines de ce que je remportais; j'aurais bien desiré en avoir aussi ; mais je ne sais qui est-ce qui m'a retenu; je rentre dans le petit salon pour m'épargner de voir emporter le Prince; mais je ne pouvais l'éviter. Les valets du Prince l'ont enveloppé dans un drap, une serviette en travers, et passé dans le salon; je suis obligée de me ranger sur le coin de la loge du Roi pour les laisser passer. Accompagnée de Lacroix, chirurgien, mon premier mouvement fut d'approcher, crainte qu'il ne heurte à la rampe de l'escalier, j'avais encore peur qu'ils ne lui fassent du mal. Lacroix leur dit : levez du côté de la tête, sans oublier Bouchon et Halauzy, qui les aidaient et qui l'ont conduit jusque dans la voiture. Je me retirai et lui dis adieu pour toujours.

Ici nous ne devons pas prodiguer les lumières. Vous qui rentrâtes pour la dernière fois dans l'administration où le Prince vraiment chrétien, étendu sur son lit de mort, et qui s'était consumé pendant toute sa vie pour la divinité, vous ne vous soyez pas rappelé que, selon nos usages, la lumière ne devait finir qu'avec lui. Le matin, tandis que l'on ensevelissait le Prince, je rangeais les ustensiles qui m'avaient servi toute la nuit, je déposai dans l'intérieur du piédestal de Grétry, formant armoire, la coupe d'argent à jour contenant le sucre, une petite cuiller à café, une idem à bouche, et indiquai à Halauzy, qui me dit qu'il allait les serrer. Les deux carafons qui étaient remplis d'orangeades, provenant de l'Élisée-Bourbon, sont restés sur la cheminée ; la burette

de vinaigre d'estragon a resté sur le piédestal de Grétry. Lorsque l'on se disposait à en-
lever le corps, ceux qui l'avaient enseveli demandèrent une planche ou quelque chose
pour faciliter le transport. M. Gransire tra-
versa le petit salon, passa par la porte de
communication des premières et indiqua à
ceux qui avaient fait la demande une des tables qui étaient adossées à la muraille; mais
c'était impraticable. Il fut descendu dans le
drap et une serviette en croix par ses valets-
de-pied, Bouchon, concierge, Halauzy, garçon de bureau; M. Lacroix, qui dirigeait
leurs pas dans l'escalier, fut mis dans sa voiture, et conduit au Louvre.

Les valets-de-chambre du Prince coupè-
rent des cheveux; ils demandèrent à ceux
qui étaient présents : *En desirez-vous?* Bouchon, camarade de mon épouse, en reçut.
C'est sans doute par inadvertance qu'il s'en
dessaisît en faveur du vicomte Montelegier
et du comte Dastorg, qui lui demandèrent
du papier. Il eut la bonté de leur en donner,
en leur observant qu'il n'en avait que d'écrit.
C'est égal, ils le prennent, les enveloppent et
les serrent dans leurs poches. C'est Bouchon

qui a été querir le premier chirurgien ; c'est encore lui qui a, pendant toute la nuit, ouvert et fermé la porte du petit salon qui communique dans l'administration où se trouvaient le duc et la duchesse d'Orléans, le prince de Condé, le comte Dougnard, etc., etc.

OBSERVATION.

A l'arrivée du Roi, sa majesté était accompagnée de M. le duc de La Châtre, et le duc d'Avray, de service auprès de lui, et tous deux en uniforme. Sa majesté amena avec lui monseigneur l'Archevêque, affublé de ses ornements pontificaux, dans l'intention d'administrer au duc de Berry le Saint-Viatique ; mais il n'était plus temps ! Le duc d'Avray était debout, à gauche du Roi, derrière le fauteuil : mon épouse soutenait sa majesté, et le duc lui répétait souvent : *Laissez, laissez-le.* Elle était coiffée avec un chapeau *à la bolivar*, des plumes dessus, et par-dessous le chapeau un petit bonnet. Elle était vêtue d'une robe puce avec un tablier noir. Moi, j'occupais la droite ; j'avais une redingote

verte, une serviette à mon cou, et je passai
la nuit dans cet état.

OBSERVATION.

Je disposais le premier lavement, Lacroix
me le prit des mains; je lui observai qu'il
était trop chaud. Prétendez-vous m'apprendre mon état? — Non, mais l'usage que j'ai
eu d'en administrer me fait vous dire qu'il
est imprenable. Il fut convaincu, car on me
le rendit pour tempérer sa chaleur. Il prit le
matin deux verres d'eau et sucre.

AUTRE.

Le comte de Nantouillet demande le pot-
de-chambre; pensant qu'il était pour l'usage
du Prince, je le présentai; mais il me fit tra-
verser le bureau de l'administration, de là
dans l'antichambre, et me le fit déposer sur
le coffre de la porte d'entrée. En revenant,
j'aperçus le comte Pradel assis sur une chaise
adossée à la cloison de l'antichambre.

Le comte Pradel est d'une moyenne taille,
figure qui annonce que son abord est facile,
tête poudrée, à la Titus. Les chirurgiens qui
venaient de transcrire le dernier bulletin de

l'état du Prince, ne sachant à qui le remettre pour sa prompte exécution, il s'exprima ainsi : Ne suis-je pas là, Messieurs? On le lui remit.

Les chirurgiens ont transcrit leurs bulletins dans le deuxième bureau de l'administration, sur la petite table noire qui est adossée à la cloison.

AUTRE.

M. Masson, huissier du Prince, a fait le messager pendant toute la nuit.

AUTRE.

Le duc de Mayet était adossé au piédestal de Grétry, derrière la duchesse d'Angoulême, au moment où elle fléchissait le genou devant le trône de l'Éternel, que le curé de Saint-Roch lui avait élevé.

AUTRE.

Deux dames d'honneur de la duchesse de Berry, en grande parure, en cheveux et une guirlande de roses sur la tête, placées derrière la duchesse d'Orléans, coiffée en chapeau avec des plumes blanches dessus.

AUTRE.

M. le comte de Menars, écuyer de madame la Duchesse, a introduit la nourrice de la petite Princesse, qu'elle tenait dans ses bras. Elle était accompagnée de madame la duchesse de Gontaud, sa gouvernante.

Liste des personnages de la maison du prince.

MESSIEURS

Le comte de Clermont, colonel.

Le comte de Rohan-Chabot, colonel.

Le comte de Choiseul (César), colonel.

Le comte de Coigny, colonel.

Le comte Eugène d'Astorg, colonel.

Le comte de Nantouillet, lieutenant-général.

Le vicomte de Montelegier, maréchal-de-camp.

Le prince de Bauffremont, chef d'escadron.

Premier écuyer de madame la duchesse de Berry.

Le comte de Menars, maréchal-de-camp.

Dames d'honneur pour accompagner la Duchesse.

MESDAMES

La comtesse de Béthizy.

La comtesse de Lauriston.

*Liste des chirurgiens qui ont assisté le Prince,
dans la nuit du 13 février.*

M. DUBOIS.

Une pelisse brune, un bonnet noir. Il s'est
découvert à l'arrivée du Roi. Il était au milieu de l'administration. Tous les chirurgiens
se réunissaient autour de lui pour le consulter.

M. DUPUYTREN.

C'est lui qui enfonça son doigt fort avant
dans la plaie du Prince ; ce qui lui fit dire,
dans l'excès de sa douleur : *Ah! laissez-moi,
vous me faites mourir.* C'est dans le petit salon
qu'il était assis sur le coussin qui servait à la
Princesse dans sa loge, et qui, retiré de dessus le fauteuil sur lequel il avait été monté,
inonda le tapis de son sang.

M. DROGARD.

Il arriva le premier dans le petit salon, et,
placé toute la nuit au pied du lit, il débou-
chait toutes les bouteilles.

M. BLANCHETON.

C'est lui qui décrocha le quinquet qui était

suspendu au plancher, et qui indiqua la place du lit.

M. TERREIN.

M. BARON.

M. BOUGON.

C'est lui qui suça la plaie du Prince.

M. LACROIX.

C'est lui qui est venu le second dans le salon, qui a donné son porte-lancette, sa sonde, la seringue renfermée dans sa boîte.

M. LACOMBE.

M. FOURNIER.

OBSERVATION.

Ceux qui ont été chercher le lit sur lequel le prince était couché dans l'intérieur de l'administration, sont MM. Gérard, Ferrand, valets-de-pied du prince.

AUTRE.

Valets-de-chambre du Prince.

MESSIEURS

Castel, au pied du lit.
Delville, au milieu du lit, à droite.

Valet-de-pied de la Duchesse.

M. Marie, dans l'embrasure de la fenêtre, derrière le rideau.

Un valet-de-pied de monseigneur le comte d'Artois, au pied du lit.

Un verre d'eau a été administré au duc d'Orléans, qui était dans le passage qui conduit à la garde-robe.

Liste des objets fournis à l'extérieur de l'Opéra.

Un lit de sangle;
Deux matelas;
Deux taies d'oreiller;
Un grand seau de bois;
Une cafetière d'eau bouillante. Alauzy, garçon de bureau de l'administration, accompagné d'un personnage distingué, sont entrés chez madame Duhamel, vitrière, rue Rameau, en lui demandant de l'eau chaude.

Elle leur remit une grande cafetière qui était en permanence devant l'âtre, destinée à soigner son enfant, malade depuis long-temps;

Une bassine de cuivre, carrée, à deux anses;

Deux bouillottes de fer blanc, neuves;

Un seau d'une terre brune, haut de vingt pouces. Il est resté au piédestal de la pendule, tout rempli de sang;

Une seringue de chez Lacroix;

Une pelotte jaune, garnie d'épingles;

Un miroir;

Une coupe d'argent à jour, remplie de sucre, apportée par Masson, huissier du Prince.

Liste des personnages présents aux saintes huiles.

A la tête du lit, les dames d'honneur de la princesse;

La duchesse de Berry, à gauche;

Le duc d'Angoulême, à droite, à genoux;

Le comte d'Artois, à côté du Duc;

Les médecins, autour du lit;

La duchesse d'Orléans, devant la pendule;

Le curé de Saint-Roch, à qui mon épouse avait donné une chaise pour mettre son livre;

Le comte de Nantouillet;

Le comte de Rohan-Chabot ;

Le comte de Coigny ;

Le comte Eugène d'Astorg, en uniforme, qui n'est venu que le matin ;

Le vicomte de Montelegier, devant la cheminée ;

Le comte Menars ;

La duchesse d'Angoulême, devant la porte du second bureau de l'administration ;

Mon épouse, à côté d'elle ;

Le duc de Mayet, derrière le buste de Grétry ;

M. Gransire, à côté de mon épouse, l'invitant à se mettre à genoux, en la tirant par sa robe. Elle lui répondit : *Cela m'est défendu, depuis que j'ai marché avec des béquilles;*

Moi, à côté de lui un genou en terre.

Demande faite de différents vêtements, lorsque le corps du prince fut enlevé.

Un valet de S. Exc. le ministre de la police, Decazes, demanda la redingote de son maître.

Le comte d'Ouquenard demanda aussi sa redingote.

Comme j'entrais dans la garde-robe, je soulevai une grande redingote blanche, que les valets-de-pied reconnurent appartenir au

Prince. La palatine de la Princesse, qui était sur le bois, tout ensanglantée, ainsi que les chemises des chaises du petit salon, dont je m'étais servi en place de torchons.

AUTRE.

Remis à M. Lacroix, rue du Battoir, n° 12, le porte-lancette, le 5 avril 1820.

AUTRE.

Remis à M. Gransire, le 24 février 1820. Lorsque je descendais l'escalier de Louvois, M. Gransire m'arrête, en me disant que M. Laboulais, secrétaire du ministre, lui avait demandé la lorgnette du Prince ; qu'il s'était introduit dans la loge, à l'effet d'en faire la recherche ; qu'il ne l'avait point trouvée. Je lui ai répondu qu'il n'était pas étonnant, puisque c'était mon épouse à qui la garde en était confiée. Il m'invita à la lui remettre, en m'enjoignant de l'envelopper avec soin dans du papier. Je le lui promis, et le même soir je la remis à Martin, concierge de l'Opéra.

AUTRE.

Mon épouse a monté une fois chez M. Gransire pour querir une potée d'eau.

Commissaire de Police.

Louvel fut introduit dans l'antichambre de l'administration, posé en face de la croisée, à l'extrémité de la table, par conséquent le dos tourné du côté de la porte d'entrée. Là, il y fut interrogé par M. Ferté, commissaire de police de la section et du théâtre, assis sur une chaise qui était adossée à la porte qui conduit au logement de M. Gransire : au milieu de la table, et par M. Garnier, également officier de police ; une sentinelle entre les deux portes. Le duc de Fitz-James, dans l'embrasure de la porte qui conduit dans l'administration, lui faisait des questions ; le frère de M. Wiotti, administrateur, et absent pour ses propres affaires en Angleterre, s'est promené de long en large depuis l'antichambre jusqu'à la porte de l'administration.

O toi qui couvres de deuil éternel la France, et qui plonges dans le néant le petit-fils du bien-aimé du peuple, par quelle fatalité, à nous toujours contraire, n'as-tu pas été témoin une seule fois de ses moindres bienfaits depuis son union avec la duchesse de Berry, époque où tu conçus l'infame projet !

En effet, le Prince ne faisait consister ses

vraies jouissances que dans le bonheur des autres. Qu'il m'est doux de transcrire ici ce qu'il fit pour mon épouse! Tous les jours de spectacle, je disposais le petit salon et ses loges. Elle tombe malade; je profitai de la circonstance pour la remplacer, et fis de mon mieux. Le Prince m'y toléra, étant déja habitué à ma figure. Chaque jour il s'inquiétait de sa santé, et il me fit remettre de sa part deux cents francs par M. Guy, son caissier, pour subvenir aux frais de son accident. Elle marchait avec des béquilles. Lorsqu'elle fut rétablie, je continuai d'agir pour elle, car elle est restée ingambe. Le Prince aimait son petit salon, et je remarquai qu'il semblait être dans son ménage, entouré de sa famille, et dépouillé du fardeau de l'étiquette qu'exige la Cour, et qui nuit beaucoup à nos délassements : il y respirait à son aise. Un jour il fit venir des glaces du café de Foi : il n'y avait point de table dans le salon ; j'apportai un grand tabouret, sur lequel j'étais assis auprès de la porte qui communique dans la salle, et lui en fis un impromptu, que je posai au bout du salon auprès de la fenêtre. Cela le fit beaucoup rire, car il était joyeux. Il est bon d'observer que tout le monde était de la partie. Ruminant sans cesse à lui être agréable et à lui témoigner ma reconnaissance, il me vint à l'idée de me procurer quatre assiettes représentant saint Louis, Henri IV, la duchesse de Berry et le Duc. Je les remis à mon épouse, en lui faisant part de mon projet, que s'il prenait fantaisie au Prince de prendre des glaces, de les substituer au plateau, afin de lui ménager une surprise. Nous ne tardâmes pas à jouir de cette scène de satisfaction. Le Prince se trouva muni du portrait de son épouse, et la Duchesse du sien. Il lui dit en souriant : C'est une galanterie de madame Roullet. En transcrivant cette note, le public sera convaincu que, jusque dans ses moindres délassements, ses actions étaient pures, et qu'à son exemple la Duchesse, lorsqu'elle montait dans le salon pendant les entr'actes, mon épouse lui posait son sac à ouvrage, deux flambeaux sur un petit guéridon qu'on y avait apporté depuis peu, et un petit tabouret sous ses pieds. Dans cette attitude, elle brodait, et le produit de ses délassements était pour les pauvres.

Donnez un libre passage à vos larmes ! vos regrets sont légitimes.

OBSERVATION.

Je pense que , sans l'énorme barrière qu'op-
posa Breton , le garçon limonadier n'auroit
pas partagé seul la gloire de livrer à la justice
de la nation le meurtrier Louvel ; mais comme
il m'a instruit trop tard des faits et de la lettre qu'il a adressée au commissaire de police , je me borne à cette observation.

Si ma notice me procure quelque béné-
fice , en suivant les préceptes de Dieu , qui
nous dit : Vous aurez toujours des pauvres
parmi vous , secourez-les, ils seront réversi-
bles sur les malheureux de ma connaissance
pour leur procurer quelques secours.

Je termine cette notice en garantissant sur
ma tête qu'un vrai Français est incapable
d'une action telle que celle-là.

ROULLET.

OBSERVATIONS.

Macnémara , comte, gouverneur des pages
du Roi , est entré le 20 février au Palais-
Royal, chez M. Barba , libraire, et a demandé
à son épouse l'adresse de l'ouvreuse de la loge
du Roi. Hésitant de satisfaire son empresse-
ment. *L'Annuaire paraît-il ?* — Non. — Avez-
vous l'ancien ? — Non. A la suite de toutes ces

questions, elle lui demanda si ce n'était pas l'épouse du libraire de l'Opéra ; elle lui indiqua la rue des Poitevins, où il se présenta. On le renvoya rue du Battoir, n° 12, logement que j'occupe provisoirement jusqu'à Pâques pour rentrer rue des Poitevins, n° 7. En entrant, il témoigna son étonnement à mon épouse, en lui observant comment les pages qui occupaient sa loge ne s'étaient point aperçus du mouvement occasioné par l'assassinat du Prince. Elle lui a dit, que se rappelant de la consigne qu'ils avaient de ne point sortir de la loge dans la crainte de se trouver au passage du Duc, qu'elle en avait profité au moment que l'on saignait le Prince pour descendre leurs chapeaux enveloppés dans son tablier, qui étaient déposés dans la loge du Roi, afin de diminuer le nombre des assistants qui encombraient déja les escaliers. Tels sont les motifs qui les ont empêchés de lui apprendre cette fâcheuse nouvelle.

Lettre à Messieurs les Journalistes.

Monsieur,

Si la lettre que je vous écris peut occuper une place dans votre journal, veuillez, je vous prie, l'y insérer littéralement.

Le 14 mars: La tombe s'ouvre ; il descend au séjour des morts. Là finissent les détails de l'horrible nuit du dimanche 13 février 1820.

En ma qualité de garçon infirmier dans l'administration de l'Opéra, titre dont je m'honore, à moi seul est réservé le droit de transcrire à la postérité les détails des faits de ces scènes de douleur. J'en prends à la face du ciel l'engagement de transporter mes semblables à mon lieu et place, dont j'ai été témoin oculaire de tous les mouvements qui se sont opérés dans l'intérieur de la salle.

Je vous salue.

ROULLET.

A quatre heures du matin.
Paris, le 23 mars 1820.

Monsieur,

Pour cette fois, vous voudrez bien extraire de votre journal une portion des verbiages dont vous entretenez que trop souvent le public, pour y substituer la lettre de S. Ex. le Ministre de la maison du Roi, comte Pradel, que j'ai reçue le 22 mars 1820, à cinq heures du soir, par laquelle il me notifie le nouveau bienfait dont Sa Majesté m'honore, le 18 février 1820, d'une pension viagère de 200 fr., réversible à madame Roullet, ma femme. Ce n'est qu'en faveur de sa prompte insertion que je vous pardonne votre silence sur ma lettre que je vous ai adressée le 14 mars 1820.

Salut.

ROULLET, libraire de l'académie royale de musique et pensionnaire du Roi, rue des Poitevins, n° 7.

An 1820, ce 25 mars.

Monsieur,

Veuillez, je vous prie, donner avis dans votre journal à MM. les Chirurgiens qui ont assisté la nuit du 13 février, dans l'intérieur de l'administration de l'Opéra, de vouloir bien se donner la peine de passer rue du Battoir, n° 12, à l'effet de me donner leur nom, afin de les mettre à la place où je les indique dans ma notice, sur-tout celui d'entre eux qui a oublié son porte-lancette; sont exceptés MM. Dubois et Lacroix, que je connais parfaitement.

Je vous salue, et suis avec considération de votre personne.

ROULLET, libraire de l'académie royale de musique et pensionnaire du Roi, rue des Poitevins, n° 7.

OBSERVATION.

Le 20 février, reçu une lettre de M. le chevalier Charles Devezze, secrétaire-ordinaire de la chambre de monseigneur le comte d'Artois, à l'effet de passer au château des Tuileries, pavillon *Marsan*. Mon épouse s'est rendue à son invitation le 21 février 1820, et il lui a remis, de la part du comte d'Artois, la somme de 300 fr.

OBSERVATION.

Paris, ce 8 mars 1820.

J'ai l'honneur de souhaiter le bonjour à monsieur et madame Roullet, et les prie, de la part de M. Rebory, de se trouver demain, 9 du courant, à dix heures du matin, parceque le garde-meuble envoie à cette heure les ouvriers pour détendre les loges. M. Rebory desire que vous soyez présents.

Je suis avec amitié votre dévoué serviteur.

MARTIN, *concierge de l'Opéra.*

Mon épouse a remis, le 30 mars, au comte de Menars, un mouchoir, une serviette, une petite boîte d'or appartenant à la Princesse, que j'avais ramassés en rangeant le fauteuil du Roi lors de son départ, dans le second bureau de l'administration.

Le 3o mars, le comte Menars envoya un domestique rue du Battoir, n° 12, à l'effet de dire à madame Roullet de passer à l'Élysée-Bourbon.

Le 3 avril, nous nous sommes rendus à l'invitation du comte Menars. En nous donnant audience, il a assuré mon épouse que la Princesse était très satisfaite, et lui a remis de sa part *une pièce d'or de vingt francs.* En m'adressant la parole, il me demanda si j'avais mon brevet de pension que le Roi m'avait accordée. Je lui répondis que oui. Nous nous sommes retirés en l'assurant de toute notre reconnaissance.

PROJET.

Il paraît que l'enceinte de l'Opéra ne servira plus à l'exercice des arts. Il me semble que l'on pourrait consacrer ce monument à la Charité et à l'Humanité. Il existe heureusement encore des seigneurs bienfaisants. J'établirais au fond du théâtre un four de boulangerie pour y cuire du pain; une chaire dans laquelle on prêcherait sur la bienfaisance. Le buste du Prince à droite; et à gauche l'Humanité et la Charité qui distribueraient les secours de ceux qui suivent son exemple, les jours qui seraient indiqués, et selon les moyens. Comme l'humilité n'a pas besoin de faste, ce monument honorerait à jamais la mémoire du Prince et ses imitateurs. Les malheureux réunis dans cette enceinte couronneraient leur père.

ROULLET.

A Son Excellence le ministre de la maison du Roi, comte Pradel.

Si jamais l'intérêt eût pu balancer mon cœur, quelle circonstance plus favorable pour un homme de mon état, en présentant au public les détails de la nuit du 13 février; vrais ou faux, il les aurait dévorés, selon l'usage; et s'il n'eût pas fait ma fortune, il m'aurait procuré quelque argent; mais comme je ne pense pas comme tout le monde, je vous adresse cette description afin d'en prendre connaissance, et attends que vous me prescriviez l'usage que j'en dois faire, et suis avec respect,

De votre Excellence,

ROULLET, libraire de l'Académie royale
de Musique, rue des Poitevins, n° 5.